**Mechanische Tierwelt**

J. Chein & Co., USA, 1940er / Joustra, Frankreich, 1940er / Großbritannien, 1950er / Joustra, Frankreich, 1950er

# Mechanische Tierwelt
## Mechanical Animal World
### Eine Fotosafari von Sebastian Köpcke und Volker Weinhold

## Mechanische Tierwelt

Nach einer letzten Drehung des Schlüssels ist die Spiralfeder im Inneren bis aufs Äußerste gespannt. Kaum berühren die Beine den Boden, rennen sie los – klappernd, ratternd, scheppernd – in jenem vorgegebenen Rhythmus, in welchem verborgene Zahnräder ineinander greifen. Hektisch, mit den Flügeln schlagend, wackelt er davon. Dieser knallbunte Käfer bewegt sich und macht ordentlich Krach – also kann es keinen Zweifel geben, er lebt! Doch schon erlahmen seine Kräfte, zusehends schwindet sein Temperament und schließlich erstarrt das aufgeregte Wesen zu einem leblosen Tier aus Blech.

•

Gegen Ende des 19. Jahrhunderts entstanden die ersten industriell gefertigten mechanischen Spielzeuge. Um 1890 erlaubte es der neuartige Lithographiedruck, die zuvor von Hand lackierten Objekte zu deutlich günstigeren Preisen, in größeren Stückzahlen anzubieten. Auch wurden ihre Einzelteile nicht länger aufwändig verlötet, sondern mit Hilfe kleiner Metallösen verlascht. Diese neuartigen Spielzeuge waren anfangs nicht besonders raffiniert, sondern vor allem eines: billig. Penny-Toys wurden im Schock angeboten und waren für den massenhaften Absatz bestimmt. Da Autos, Motorräder und Flugzeuge noch auf ihre Erfinder warten mussten, machten mechanische Tiere vor ihnen das Rennen. Jenseits der profanen Massenware konnten verschiedene Hersteller ausgeklügelte Qualitätsprodukte auf dem internationalen Markt etablieren. In industriellem Maßstab produzierten sie kleine technische Wunderwerke, die sich zumeist mit Hilfe eines Schlüssels von Kinderhand zum Leben erwecken ließen.

•

Mit der fortschreitenden Erschließung sämtlicher Erdteile erregten neu entdeckte, fremde Tierwelten ein wachsendes öffentliches Interesse und auch die ungeheuerlichen Behauptungen Charles Darwins regten dazu an, unsere nun gar nicht mehr so weit entfernten Verwandten etwas genauer zu betrachten. Museen und naturkundliche Sammlungen verstanden es schon damals als ihre Aufgabe, aktuelle Erkenntnisse wissenschaftlich fundiert und anschaulich zu vermitteln. Zoologische Gärten standen zudem im Wettbewerb, sich mit einem möglichst exotischen Tierbestand gegenseitig zu übertreffen. Von der wachsenden Popularität der Tierwelt versuchten auch Industrie und Handel zu profitieren und steigerten sie damit auf ihre Weise. Es verwundert nicht, dass die frühe Produktreklame einem bunt bevölkerten Tierpark glich, in dem Affen für Schuhe warben, Elefanten für Tee, Frösche für Schuhcreme und Hunde für Schokolade und Zigaretten. In den damals weit verbreiteten Sammelbilderalben waren Tiere ebenfalls ein allgegenwärtiges Thema. Diese Werbemittel hatten einen erheblichen pädagogischen Wert, denn sie vereinten in sich den Wissensschatz breiter Bevölkerungsschichten. Vor diesem Hintergrund ist es leicht verständlich, dass auch die Spielzeughersteller alles daran setzten, mit einer artenreichen Tierwelt die Kinderzimmer zu erobern. Im Gegensatz zu Stoffbären oder Schaukelpferden erschienen diese kleinen Blechtiere jedoch immer etwas sperrig und eigen, sowohl in ihrem Wesen als auch in ihrer Funktion. Man konnte weder ausgelassen auf ihnen reiten, noch fanden sie am Abend auf dem Kopfkissen einen Platz. Wann immer aber sie sich klappernd in Bewegung setzten, schaute ihnen jeder staunend hinterher. Neugier, Spieltrieb und Entdeckerfreude fanden in den mechanischen Blechtieren zueinander und paarten sich im besten Fall mit Erfindungsreichtum und solider Handwerkskunst. Diese Spielzeuge förderten ein mechanisches Verständnis der Dinge und forderten zugleich einen erwachsenen Umgang mit ihnen. Bereits dem kleinen Kinde boten sie Rücksichtnahme und Fingerspitzengefühl, denn war der Schlüssel erst verloren, oder der Mechanismus überdreht, dann hatte der Spaß sein Ende.

•

Deutschland hatte sich frühzeitig zu einer Hochburg der Blechspielwaren-Industrie entwickelt. Die benachbarten Städte Nürnberg und Fürth bildeten mit

»Ameek the Beaver«, Animate Toys, USA, 1916

einer Vielzahl von Herstellern (Issmayer, Schuco, Gama, Köhler, Arnold etc.) deren Zentrum. In der Stadt Brandenburg, im fernen Preußen, entwickelte sich die Firma Ernst Paul Lehmann nach 1888 zu einem der innovativsten Unternehmen der Branche. Geliefert wurde in aller Herren Länder. Blechspielzeug »Made in Germany« wurde weltweit ein Begriff. Davon unbenommen konnten sich auch andernorts namhafte Hersteller etablieren, wie etwa Louis Marx und J. Chein in den USA, Joustra und Vebe in Frankreich und Mobo in England. Während des II. Weltkrieges wurden auch die deutschen Spielwarenhersteller zur Kriegsproduktion herangezogen. Als es danach ans Aufräumen ging, schienen die großen Zeiten des Blechspielzeuges vorüber. In den 1950er und 1960er Jahren erlebte es dennoch eine letzte große Renaissance. Allerdings gelang es nur noch wenigen Unternehmen, sich gegen die aufkommende japanische Konkurrenz zu behaupten. Verstand man sich dort anfangs auf das Kopieren beliebter Klassiker, setzten Firmen wie Mikuni, Modern Toys und Yone alsbald mit neuartigem Batteriebetrieb und spektakulärem Design ganz eigene Akzente. Dieser letzten Blütezeit folgte ein rascher Niedergang. Als das bunte Plastik die Herrschaft in den Kinderzimmern übernahm, hatte traditionelles Blechspielzeug endgültig ausgedient. Mechanische Blechtiere gelten seither als eine bedrohte Spezies. Allein in der Obhut engagierter Museen und liebevoller Sammler scheint ihr Überleben gesichert.

## Sebastian Köpcke / Volker Weinhold

Gemeinsam haben wir uns auf eine Fotosafari begeben und dabei die »Mechanische Tierwelt« ganz neu für uns entdeckt. Der unüberschaubare Artenreichtum und die gestalterische Vielfalt der historischen Blechtiere nahmen uns augenblicklich gefangen. In spielerischer Weise haben wir die Tiere in ihr natürliches Umfeld versetzt, um sie darin mit der Kamera zu beobachten. Auf allen Kontinenten waren wir unterwegs – wir begegneten ihnen im heimischen Wald, im afrikanischen Dschungel, im australischen Outback und am Südpol ebenso wie hoch über den Wolken und auf dem tiefen Meeresgrund. Beim Fotografieren vertrauten wir allein auf die Mittel der Inszenierung. Von den effektvollen Möglichkeiten digitaler Bildbearbeitung machten wir keinen Gebrauch. Auf diese Weise glauben wir den historischen Tieren am besten gerecht zu werden. Ein jedes von ihnen hat seinen eigenen Charakter. Diesen wollen wir in unseren Bildern zeigen.

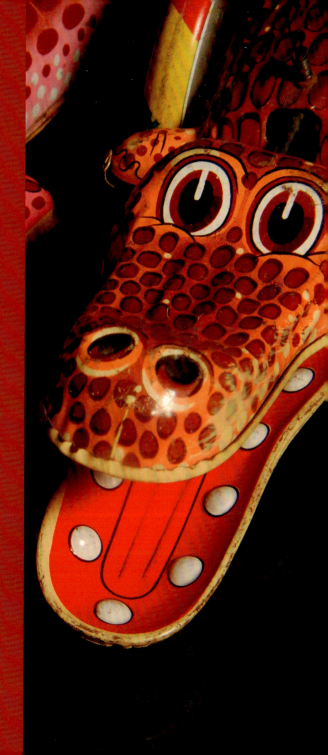

# Mechanical Animal World

With a final turn of the key, the coil spring inside is wound up to the maximum. The legs have hardly touched the ground and off they run – clacking, clattering, rattling – in that pre-set rhythm in which the hidden gear wheels engage with each other. Hectic, flapping its wings, it wiggles away. This brightly coloured bug moves and makes lots of noise – there can, therefore, be no doubt: it's alive! But its powers soon wane, its temperament visibly disappears, and the agitated creature freezes into a lifeless animal made out of metal.

•

The first industrially produced mechanical toys were created toward the end of the 19th century. Round 1890, the novel lithographic printing made it possible to offer the previously hand-painted objects at substantially cheaper prices and in larger quantities. Their individual parts were also no longer complexly soldered but instead held together with folded metal tabs. These novel toys were not particularly sophisticated at the beginning but rather above all one thing: cheap. Penny toys were supplied in sets of sixty and were intended for mass sale. Since autos, motorcycles, and airplanes were still waiting to be invented, mechanical animals made the running before them. Beyond the mundane mass products, various manufacturers were able to establish sophisticated quality products on the international market. They produced small technical marvels on an industrial scale that could mostly brought to life by children with the help of a key.

•

With the progressive opening up of all regions of the earth, newly discovered, foreign animal worlds aroused increasing public interest and the scandalous claims of Charles Darwin also inspired people to observe our now not so distant relatives more closely. Museums and natural history collections already then saw it as their task to communicate current findings in a scientifically based and descriptive manner. Zoological gardens also competed to outdo each other with a population of animals that was as exotic as possible. Industry and commerce also attempted to profit from the growing popularity of the animal world and thus augmented it in their own way. It is no wonder that the early product advertisements resembled a colourfully populated wildlife park in which apes promoted shoes, elephants tea, frogs shoe polish, and dogs chocolate and cigarettes. Animals were also an omnipresent theme in the collectible picture albums that were quite popular at the time. This advertising medium had significant pedagogical value since it brought together the wealth of knowledge of broad levels of the population. Against this background, it is easy to understand that producers of toys also did their utmost to conquer children's rooms with a species-rich world of animals. In contrast to stuffed bears or rocking horses, these small tin animals, however, always seemed somewhat ungainly and peculiar both in their nature as well as in their function. It was not possible to ride them playfully nor did they find a place on the pillow at night. But when they began to move clatteringly, everyone look at them in astonishment. Curiosity, the play instinct, and joy of discovery came together in the mechanical tin animals and were combined in the best case with ingenuity and solid craftsmanship. These toys fostered a mechanical understanding of things and simultaneously demanded an adult handling of them. They required considerateness and a sure instinct even of the small child, since otherwise either the key got lost or the mechanism was overwound, and then the fun was finished.

•

Germany developed quite early on into a stronghold of the tin toy industry. The neighbouring cities of Nuremberg and Fürth, with a wide range of producers (Issmayer, Schuco, Gama, Köhler, Arnold, etc.), formed its centre. In the town of Brandenburg in distant Prussia, the Ernst Paul Lehmann company developed after 1888 into one of the most innovative companies in the field. Products were delivered

ASC, Japan, 1950er

around the world. Tin toys »Made in Germany« became known worldwide. Notwithstanding, it was also possible for leading manufactures to become established in other places, such as, for example, Louis Marx and J. Chein in the United States, Vebe and Joustra in France, and Mobo in England. During World War II, the German toy manufacturers were also drawn into production for the war effort. When it was afterwards time to clean house, the great age of tin toys seemed to have passed. In the 1950s and 1960s, tin toys, nonetheless, experienced a final great renaissance. Certainly, only a few companies managed to hold their ground against the emerging competition from Japan. At the beginning, the Japanese were skilled at copying beloved classics, but companies such as Mikuni, Modern Toys, and Yone soon created their own accents with the novel battery operation and spectacular design. This final period of prosperity was followed by a rapid decline. As colourful plastic began to dominate children's rooms, traditional tin toys had finally had their day. Mechanical tin animals have since then been considered an endangered species. Their survival only seems to be assured in the care of committed museums and loving collectors.

## Sebastian Köpcke / Volker Weinhold

We went on a photo safari together and discovered the »Mechanical Animal World« for ourselves anew. The vast abundance of species and the diversity of creative forms that the tin animal has historically had instantly captivated us. We playfully placed the animals in their natural environments in order to observe them with the camera. Our journey took us to every continent – we encountered them in the indigenous forest, in the African jungle, in the Australian Outback, and at the South Pole, and also high above the clouds and on the deep seabed. When taking the photographs, we trusted in the means of staging alone and did not resort to the effective possibilities of digital image editing in any way. We believe that this was the best way to do justice to the historical animals. Each one has its own character. This is what we strive to show in our images.

Herkunft unbekannt

Dr. Toni Bürgin

## Die Mechanik des Lebendigen

Im Gegensatz zu den in der Regel ortsgebundenen Pflanzen verfügen die meisten Tiere über ausgeklügelte Arten der Fortbewegung. Diese waren bereits im antiken Griechenland Gegenstand intensiver Betrachtungen. So zählt Aristoteles' (384 – 322 v. Chr.) »De Motu Animalium« zu den ersten Büchern über diese, heute Biomechanik genannte Wissenschaft. Hierbei werden Strukturen und Funktionen biologischer Systeme mit den Methoden der klassischen Mechanik untersucht und beschrieben. Zu den Pionieren der Biomechanik zählt der italienische Universalgelehrte Leonardo da Vinci (1452 – 1519), welcher den Bau der Lebewesen strikt nach mechanischen Betrachtungsweisen untersuchte. Sein Ziel war es, Apparate zu bauen, welche die Leistungen der Tiere nachahmen oder sogar übertreffen sollten. Damit darf er zu Recht, zusammen mit seinem Landsmann Giovanni Alfonso Borelli (1608 – 1679), zu den Begründern der Bionik gezählt werden, eine angewandte Wissenschaft, welche sich seit einiger Zeit mit großem Erfolg die »Erfindungen und Baupläne« der Natur zu Nutze macht.

### Das Rad und die Natur

Zwar gibt es in der Natur durchaus radähnliche Strukturen. So etwa im mikroskopisch kleinen Geißelmotor von Bakterien und Algen. Hier finden sich aus verschiedenen Eiweißen aufgebaute Strukturen, welche verblüffend den Bestandteilen eines Elektromotors gleichen. Auch können gewisse Spinnen und Salamander, zu kugel- oder radförmiger Form gekrümmt, durch die Landschaft rollen. Aber eigentlich ist das Rad eine Erfindung von uns Menschen und die Natur kennt es in dieser Form nicht. Das hat damit zu tun, dass ein Rad eine Achse braucht, um die es sich frei rotierend bewegen kann. Diese beiden Teile sind über ein Drehlager miteinander verbunden. Bei einem Arm oder einem Bein ist keine vollständige Rotation möglich, da sie mit dem Rumpf fest verbunden sind. Eine Drehung um 360° oder mehr würde alle im Innern liegenden Gewebe wie Muskeln, Nerven und Blutgefäße überdehnen und zerreißen. Mit der Erfindung des Rades vor mehr als 5.000 Jahren hat der Mensch eine rasante technische Entwicklung angestoßen, denn das Rad lässt sich nicht nur für die Fortbewegung nutzen, sondern ist auch ein eminent wichtiger Bestandteil in komplexen Maschinen, wie etwa in einem Uhrwerk oder einer Rechenmaschine.

### Das Zeitalter der Automaten

Bereits Leonardo da Vinci hat neben seinen vielen Apparaten und Maschinen auch einen Automaten entwickelt, der von einem Uhrwerk bewegt wurde. Dies wird auch vom französischen Philosophen, Mathematiker und Naturwissenschafter René Descartes (1596 – 1650) behauptet, der lebende Organismen auf deren Mechanik reduzierte. Auch das mechanistische Weltbild des französischen Arztes und Philosophen Julien Offray de la Mettrie (1709 – 1751), für den Lebewesen komplexe Maschinen waren, kam dieser Entwicklung entgegen. Man wollte durch den Nachbau die natürliche Form verstehen. Die künstliche Ente des Franzosen Jacques de Vaucanson (1709 – 1782) war ein mechanisches Wunderwerk. Sie konnte eine Vielzahl von Bewegungen wie Flügelschlagen und Schnattern ausführen und wenn man sie mit Maiskörnern fütterte, kamen diese nach einer gewissen Zeit in einem verdauten Zustand wieder zum Vorschein. Dieses mechanische Meisterwerk diente der Unterhaltung an den damaligen Fürstenhöfen. Das 19. Jahrhundert war denn auch das Zeitalter der Automaten. Gegen dessen Ende entstanden die ersten massentauglichen mechanischen Spielzeuge.

### Von der Biomechanik zur Biomimetik

Die biomechanische Kenntnis eines Lebewesens lässt sich unter anderem erfolgreich in der Roboterforschung anwenden. Für spezielle Forschungsvorhaben in der Raumfahrt oder in der Vulkanforschung werden mehrbeinige Roboter entwickelt, welche sich am Bauplan von Insekten und Spinnentieren orientieren.

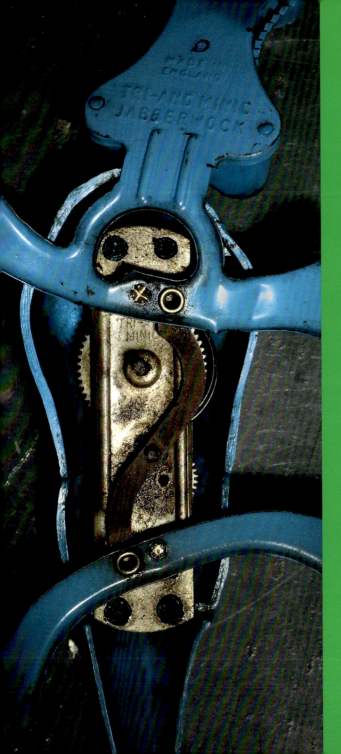

Tri-Ang Minic, Großbritannien, um 1950

Diese bewegen sich im unwegsamen Gelänge besser vorwärts als radgetriebene Fahrzeuge. Weil dabei natürliche Systeme nachgeahmt werden, spricht man auch von der sogenannten Biomimetik, ein Begriff der 1969 vom Deutschen Otto Schmitt geprägt wurde. Im angelsächsischen Bereich wird dieser Begriff häufig auch stellvertretend für den Begriff Bionik verwendet. Für spezifische Anwendungen wurden auch schon sich windende Schlangen-Roboter oder kletternde Gecko-Roboter entwickelt. Ein ganz eigener Forschungszweig sind die menschenähnlichen oder humanoiden Roboter. Ihre modernsten Vertreter verfügen bereits über ein beeindruckendes Repertoire an vielfältigsten Funktionen und ihre Bewegungen werden uns immer ähnlicher.

## Die Verschmelzung von Mensch und Maschine

Dank modernster Elektronik und ausgefeilter Technik wurden auch im Bereich der künstlichen Gliedmaßen und Sinnesorgane, der Prothetik, in jüngster Zeit große Fortschritte erzielt. Im Gegensatz zu den Prothesen früherer Jahre, sind heute vielfach Hightech-Produkte im Einsatz. Gesteuert werden diese durch eine Schnittstelle, wo die elektrischen Erregungen der Nervenleitungen direkt auf die elektronischen Komponenten übertragen werden. Der Mensch beginnt mehr und mehr mit diesen technischen Geräten zu verschmelzen, der Cyborg, das Mischwesen Mensch-Maschine, wird geboren. Zudem gibt es bereits heute Prothesen, die es ihrem Träger ermöglichen, Leistungen zu erbringen, welche er mit seiner natürlichen Ausstattung niemals erreicht hätte. Elektromechanische Exoskelette, welche wie eine Rüstung umgeschnallt werden, vervielfachen die Kräfte der Arme und Beine. Nicht von ungefähr erweist sich hier die militärische Forschung als Schrittgeber. Nach den Vorstellungen der Militärs soll der Soldat auf den Schlachtfeldern der Zukunft über eine Hightech-Ausrüstung verfügen, die auch seine Sinnesleistungen um ein Mehrfaches des Normalen erhöht. Optische und akustische Wahrnehmungen werden mit technischen Hilfsmitteln drastisch verstärkt. Ihm zur Seite steht ein vierbeiniger, tierähnlicher Roboter, der ihm die schweren Lasten abnimmt. Dass dies nicht Science Fiction ist, beweisen aktuelle Meldungen aus den entsprechenden Rüstungsunternehmen.

## Der Traum von künstlicher Intelligenz und künstlichem Leben

Neben dem Kopieren der verschiedensten Fortbewegungsweisen haben sich viele Forschungsgruppen auch auf den technischen Nachbau von Sinnesorganen und Teilen des Nervensystems gestürzt. Denn was nützt ein ausgeklügeltes Antriebssystem, wenn es nicht richtig gesteuert wird und die einfachsten Hindernisse nicht erkennt? Die Sensorbionik hat in den letzten Jahren entscheidende Fortschritte gemacht, aber noch größer sind die Fortschritte im

Bereich der künstlichen Intelligenz. Dabei werden einerseits einfache neuronale Regelkreise mit elektronischen Bauteilen nachgebaut. Damit lassen sich zum Beispiel die Beine eines Insektenroboters mit relativ wenig Aufwand steuern. Viel ambitiöser ist dagegen das Projekt »Blue Brain« der EPFL in Lausanne. Hier bauen Forscher um Henry Markram einen Teil der Großhirnrinde einer Ratte nach. Ziel ist es, das natürliche System so genau wie möglich in technischer Form zu kopieren. Die Hoffnung der beteiligten Forscher ist, dass sich das System eines Tages selbstständig verhält und ansatzweise das tut, was im Gehirn des Nagers abläuft.

Einen ganz anderen Traum verfolgt die synthetische Biologie. Eines ihrer Ziele ist die Erschaffung von künstlichem Leben, künstlichen Lebewesen. Einer der Pioniere auf diesem Gebiet ist der Amerikaner Craig Venter, der sich durch seine Arbeiten bei der Erkundung des menschlichen Erbguts einen Namen gemacht hat. Eine seiner jüngsten Schöpfungen ist ein einfaches Bakterium, dessen Erbgut er künstlich nachgebaut und in eine fremde Zelle injiziert hat. Doch kann die Schaffung künstlicher Wesen ein Ziel sein? Die Begründung der Forscher für ihre Taten ist ein technokratischer Ansatz: Es sollen maßgeschneiderte Organismen entstehen, welche zum Beispiel ausgelaufenes Öl rasch in unbedenkliche Bestandteile zerlegen würden. Oder mikroskopische Algen, welche aus $CO_2$ Biotreibstoffe produzieren würden. Was aber passiert, wenn sich solche Kunstprodukte massenhaft vermehren und außer Kontrolle geraten? Müssen wir dann andere entwickeln, welche diese in Schach halten würden? Der Vergleich mit dem Zauberlehrling drängt sich auf. Science-Fiction-Fantasien, auf der Leinwand dramatisch in Szene gesetzt, könnten erschreckende Wirklichkeit werden.

Wie wir wissen, ist die Vielfalt des Lebens auf der Erde riesig. Aber sie ist durch das Wirken von uns Menschen stark bedroht. Während die Vielfalt an künstlichen Wesen stetig steigt, nimmt die Zahl der natürlichen dramatisch ab. Die Technik hat in den letzten beiden Jahrhunderten eine gewaltige Entwicklung ermöglicht. Dabei spielten und spielen Automaten und Roboter eine große Rolle. Eigentlich sollte uns diese Technik das Leben erleichtern und lebenswerter machen. Aber dieses Versprechen wurde nur zum Teil gehalten, denn wie jede Erfindung des Menschen lässt sich auch diese zum Guten wie zum Bösen einsetzen. Technik sollte eigentlich, vielleicht mit Ausnahme in Form von Spielzeugen, nie zum Selbstzweck entwickelt werden. Denn neben der mechanischen Welt aus Menschenhand gibt es eine belebte Mitwelt, die es zu schützen und zu erhalten gilt. Ohne sie werden wir auch in Zukunft nicht auskommen.

## Literatur:

- Foerst, Anne (2008)
»Von Robotern, Mensch und Gott«
Vandenhoek & Ruprecht, Göttingen.
- Ichbiah, Daniel (2005)
»Roboter – Geschichte Technik Entwicklung«
Knesebeck-Verlag, München
- Malone, Robert (2010)
»Roboter – Vom Blechspielzeug zum Terminator«
coventgarden, Dorling Kindersley Verlag, München
- Menzel, Peter & D'Aluisio, Faith (2000)
»Robo sapiens – Evolution of a new species«
MIT Press, Cambridge, MA
- Nachtigall, Werner & Blüchel, Kurt G. (2001)
»Das grosse Buch der BIONIK – Neue Technologien nach dem Vorbild der Natur«
2. Auflage, Deutsche Verlags-Anstalt, Stuttgart
- Springfeld, Uwe (2009)
»MENSCHENMASCHINE – maschinenmensch. Warum wir Maschinen sind, die man nicht nachbauen kann«
S. Hirzel Verlag, Stuttgart.
- Weymayr, Christian & Ritter, Helge (2010)
»Roboter – Was unsere Helfer von Morgen heute schon können«
Bloomsbury Kinderbücher & Jugendbücher,
Berlin Verlag, Berlin

**Dr. Toni Bürgin**

# The Mechanics of the Living

In contrast to plants, which are bound to one location as a rule, most animals have ingenious forms of locomotion. These were already subjected to in-depth observation in ancient Greece. Aristotle's (384 – 322 BC) »De Motu Animalium« is thus among the first books on this science, which is today called biomechanics. In it, the structures and functions of biological systems are examined and described using the methods of classical mechanics. Amongst the pioneers of biomechanics was the Italian polymath Leonardo da Vinci (1452 – 1519), who investigated the structure of living organisms based strictly on mechanical ways of looking at things. His goal was to construct apparatuses that were supposed to simulate the abilities of animals, or even surpass them. As a result, he, along with his fellow countryman Giovanni Alfonso Borelli (1608 – 1679), can be counted among the founders of bionics, a related science that has for some time been utilising the »inventions and structural plans« of nature.

## The Wheel and Nature

Admittedly, there are indeed wheel-like structures in nature, such as in the microscopically small flagellar motors of bacteria and algae. Found in them are structures built from various proteins, which are intriguingly similar to the components of an electric motor. Certain spiders and salamanders can also roll through the landscape while curled into a spherical or wheel-shaped form. The wheel is, nonetheless, actually something we human beings invented and is not known in this form in nature. This is connected to the fact that a wheel needs an axle in order for it to be able to move in a freely rotating manner. These two parts are connected to each other by means of a pivot assembly. Arms and legs, on the other hand, are not capable of complete rotation, since they are firmly attached to the torso. A rotation of 360° or more would overstretch and tear all of the tissues inside such as muscles, nerves, and blood vessels. With the invention of the wheel more than 5,000 years ago, human beings initiated rapid technical development, since the wheel can not only be used for movement but is also an eminently important component in complex machines such as a clockwork or an adding machine.

GKN Georg Köhler Nürnberg, 1953 – 1965

## The Age of the Automata

In addition to Leonardo da Vinci's many apparatuses and machines, he also already developed an automaton that was moved by clockwork. This was also claimed of the French philosopher, mathematician, and natural scientist René Descartes (1596 – 1650), who reduced living organisms to their mechanical systems. The mechanistic worldview of the French doctor and philosopher Julien Offray de la Mettrie (1709 – 1751), who saw living organisms as complex machines, was also interested in this development. The goal was to understand the natural form through reproducing it. The artificial duck by the French Jacques de Vaucanson (1709 – 1782) was a mechanical marvel. It could perform a range of movements such as flapping its wings and quacking, and when it was fed kernels of corn, they emerged again after a period of time in a digested condition. This mechanical masterpiece provided entertainment at the courts of the time. The 19th century was then also the age of automata. Toward the end of the century, the first mechanical toys suitable for the masses were produced.

## From Biomechanics to Biomimetics

Biomechanical knowledge of living creatures can be used successfully in robot research, for example. Robots with multiple legs that are oriented toward the structure of insects and arachnids are being developed for special research projects in space travel and volcano research. Such robots move forward better in rough terrain than wheel-driven vehicles. Since natural systems are mimicked in them, one also speaks of so-called biomimetics, a term coined by the German Otto Schmitt in 1969. In the Anglo-Saxon sphere, this term is also often used in place of the term bionics. Wriggling snake-robots or climbing gecko-robots have also already been developed for specific applications. Humanlike or humanoid robots form a research field of their own. The most modern of such robots already have an impressive repertoire of the most multifaceted of functions, and their movements are becoming increasingly similar to ours.

## The Fusion of Human and Machine

Thanks to the most modern electronics and sophisticated technology, great progress has also recently been achieved in the field of artificial joints and sensory organs, or prosthetics. In contrast to prostheses of the past, many high-tech products are used in them today. These are steered by an interface in which the electrical stimuli to the nerves are communicated directly to electronic components. Human beings are beginning to fuse more and more with these technical devices, and the cyborg, the composite creature the human-machine, is being born. There are, moreover, already prostheses today that make it possible for those who have them to

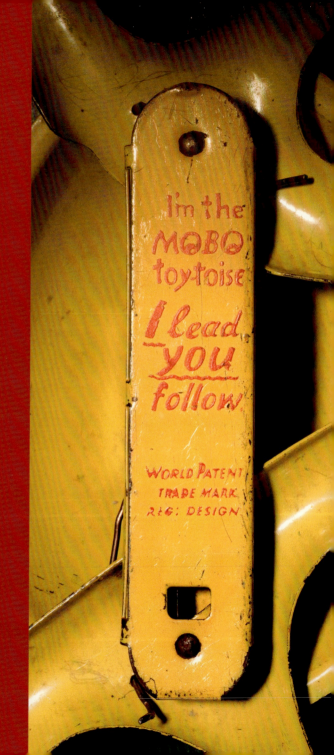

achieve things that would never be possible with their natural equipment. Electro-mechanical exoskeletons that are strapped on like armour multiply the strength of the arms and legs. It is by no means a coincidence that military research has proven to be the pacesetter here. According to ideas of the military, soldiers on the battlefields of the future should have high-tech equipment that also increases their sensory functions to many times what is normal. Optical and acoustic perceptions will be drastically intensified by means of technical aids. At the soldier's side stands a four-legged, animal-like robot to carry heavy loads. The fact that this is not science fiction is substantiated by recent announcements from defence companies working in this field.

## The Dream of Artificial Intelligence and Artificial Life

In addition to copying the most varied forms of locomotion, many research groups have also plunged into the technical reproduction of sensory organs and parts of the nervous system. Because what is the use of a sophisticated means of propulsion if it is not controlled correctly and does not recognize the simplest of obstacles? Sensor bionics has achieved enormous progress in recent years, yet the progress in the field of artificial intelligence is even greater still. In it, simple neuronal feedback loops, on the one hand, are being reproduced with electronic components. This allows the leg of an insect-robot, for example, to be controlled with relatively little effort. Much more ambitious, in contrast, is the Blue Brain Project of the EPFL in Lausanne. Here, the researchers around Henry Markram are reproducing part of the cerebral cortex of a rat. The goal is to copy the natural system as exactly as possible in a technical form. The hope of the researchers involved is that the system will one day act autonomously on its own, and to some extent do what occurs in the brain of the rodent.

Synthetic biology is pursuing a quite different dream. One of its goals is to create artificial life, artificial living creatures. One of the pioneers in this field is the American Craig Venter, who has made a name for himself through his work researching the human genome. One of his most recent creations is a simple bacterium whose genetic makeup has been artificially reproduced and injected into a foreign cell. Yet can the creation of artificial beings be a goal? The researchers explain their activities in a technocratic formulation: to be created are custom-made organisms that would, for example, quickly decompose spilt oil into harmless components. Or microscopic algae would produce biofuels out of $CO_2$. But what happens if such artificial products reproduce themselves in large numbers and spin out of control? Do we then have to develop others to keep them in check? The comparison with the sorcerer's apprentice is inescapable. Science fiction fantasies dramatically staged on the screen could become a terrifying reality.

As we know, there is a huge variety of life on the planet. It is, however, under serious threaten by us humans. While the variety of artificial creatures is continuously increasing, the number of natural ones is plummeting dramatically. Technology has facilitated enormous development in the last two centuries. In it, automata and robots have played and still play a large role. Technology is actually supposed to make life easier and more worth living for us. But this pledge has only been kept in part, because like every invention of humans, this too can be used for good as well as for evil. Technology is actually never supposed to be developed as an end in itself, perhaps with an exception in the form of toys. Since, in addition to the mechanical world from the hands of human beings, there is a living environment that needs to be protected and preserved. Without it, we will also not survive in the future.

»Mobo toy-toise«, Mobo D. Sebel & Co., Großbritannien, um 1950

Line Mar, Japan, 1960er    Japan, vor 1951

Japan, 1950er / Yone, Japan, 1950er    Japan, 1960er / Marke K, Japan, 1950er

»Fips«, VEB Plastica, Bad Sülze, 1985

GKN Georg Köhler Nürnberg, 1953 – 1965

Gama, Fürth, 1950er  Tika Toys, Japan, 1950er

J. Chein & Co., USA, 1940er

»Rudy the Ostrich« – nach einem Comic von Billy DeBeck (1890–1942) – Nifty, USA, produziert in Deutschland, 1924

GKN Georg Köhler Nürnberg, 1953 – 1965

Staatliches Werk für Metallverabeitung, Sowjetunion, 1970er

Alps, Japan, 1950er    Spanien, 1960er / »Zulu«, E. P. Lehmann Patentwerk, Nürnberg, 1960er

S & E, Japan, 1950er / Yone, Japan, 1950er / ASC, Japan, 1950er

Gama, Fürth, 1960er   Yone, Japan, 1950er / S & E, Japan, 1950er / ASC, Japan, 1950er   Inakita, Japan, 1960er / GKN Georg Köhler Nürnberg, 1952 – 1965   Modern Toys, Japan, 1950er

»Tom 700«, E. P. Lehmann & Co. Brandenburg, 1947    »Jog-O The Climbing Monkey«, Tot-Tested Toys Ltd. Jersey City, USA, 1940er

»Shooting Gorilla«, Modern Toys, Japan, 1950er

Eldon Industry, Japan, 1950er

A 1, Japan, 1950er

Yone, Singapore, 1960er

Lindstrom Tool & Toy Co., USA, 1927    »Queen Bee«, A 1, Japan, 1950er

Karl Arnold & Co., Nürnberg, 1950er    J. Chein & Co., USA, 1960er    »Magic Fish«, Japan, 1960er    Japan, 1960er / J. Chein & Co., USA, 1960er

»The Terror Fish«, Lake Side Toys, Japan, 1950er

Joustra, Frankreich, 1950er  »Frantic Frogs«, Design: Milton Bradley, Japan, 1965  Vebe, Frankreich, 1950er / GKN, Nürnberg, 1932 – 1965  MSB, Brandenburg, 1960er  Japan, 1960er

»Noli«, E. P. Lehmann Patentwerk, Nürnberg, 1960er

Marke K, Japan, 1950er

Marusan, Japan, 1950er

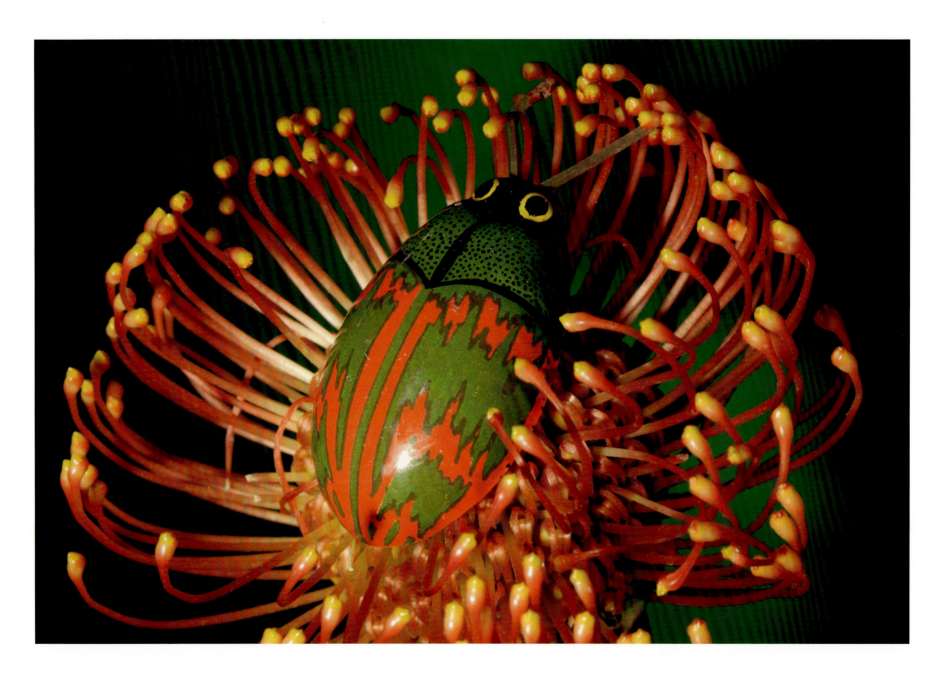

Apex Novelty Co., USA, 1948

Animate Toy, USA, 1920er

49

Alps, Japan, 1950er    T. N., Japan, 1960er

»Dragon Fly«, Cragstan S & E, Japan, 1960er

Japan, 1950er

»Nati«, E. P. Lehmann Patentwerk, Nürnberg, 1960er    Alps, Japan, 1950er / »Nati«, E. P. Lehmann Patentwerk, Nürnberg, 1960er / Frankreich, 1940er

»Lilli« E. P. Lehmann Patentwerk, Nürnberg 1960er / Yone, Japan 1960er

Kanto Toys, Japan, 1960er

Marke K, Japan, 1950er

»Sacarab«, Japan, vor 1951

GKN Georg Köhler Nürnberg, 1953 – 1965

NBN, Nürnberg, 1950er

Automatic Toy Corp., USA, 1940er / Apex Novelty Co., USA, 1948

Plaything, Japan, 1960er

63

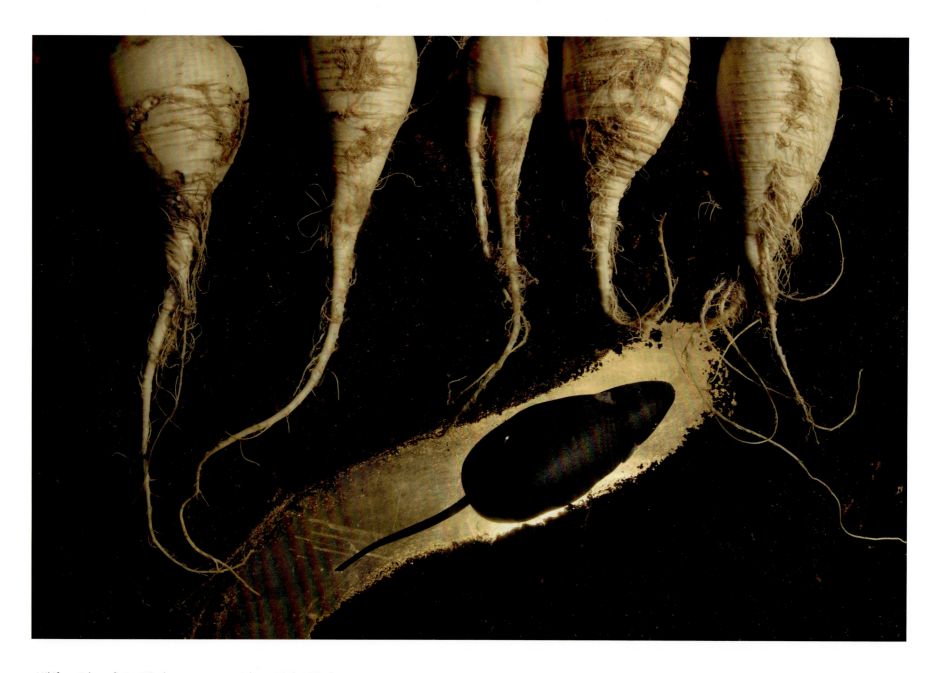

»Mikifex«, Schuco & Co., Nürnberg, 1950er    Johann Distler, Nürnberg, 1920er

S 2, Japan, 1970er

GKN Georg Köhler Nürnberg, 1952 – 1968

Modern Toys, Japan, 1960er    Line Mar, Japan, 1960er

T.P.S., Japan, 1950er

Japan, 1950er

Modern Toys, Japan, 1950er    GKN Georg Köhler Nürnberg, 1953 – 1968

Johann Andreas Issmayer, Nürnberg, 1920er

GKN Georg Köhler Nürnberg, 1955 – 1965

»Loli«, E. P. Lehmann Patentwerk, Nürnberg, 1960er

Clan, Spanien, 1960er   Mikuni, Japan, 1960er / Line Mar, Japan, 1960er   Joustra, Frankreich, 1950er / Sowjetunion, 1970er   Marke N, Japan, 1960er

»Gertie, the gallopping Goose«, Unique Art Co., USA, 1940er    »Mama Paak«, E. P. Lehmann Patentwerk, 1960er / »Paak-Paak«, E. P. Lehmann Patentwerk, 1955

»Lo Lo«, E. P. Lehmann Patentwerk, Nürnberg, 1950er / »Jolly Goldfish«, K. O., Japan, 1950er

»Magic Fish«, Japan 1960er

J. Chein & Co., USA, 1960er

J. Chein & Co., USA, 1950er

»Springender Seeteufel«, GKN Georg Köhler Nürnberg, 1955 – 1965   »Angel Fish«, Shanghai, China, 1950er

»Rainbow Trout«, Line Mar, Japan, 1950er

»Red Snapper«, Line Mar, Japan, 1950er

Yone, Japan, 1960er

Karl Arnold & Co., Nürnberg, 1950er / »AHA«, E. P. Lehmann Patentwerk, Nürnberg, 1960er / Japan, 1950er

## Impressum:

Herausgeber:
Naturmuseum St. Gallen
Museumstrasse 32
CH-9000 St. Gallen
www.naturmuseumsg.ch

Konzeption und Gestaltung:
Köpcke / Weinhold, Berlin
www.mechanische-tierwelt.de

Die Autoren danken allen,
die ihnen zur Seite standen,
insbesondere der
Marie Müller Guarnieri-Stiftung,
sowie Robert Jarmatz
(Labor Pixel Grain, Berlin)
und Uwe Holz, M. A.
(Industrie- und Filmmuseum Wolfen)

Übersetzung: Amy J. Klement, Berlin

Produktion: Medien Profis GmbH, Leipzig

ISBN 978-3-00-034781-8

Alle Rechte vorbehalten.
Kein Teil dieses Werkes darf in irgendeiner Form
ohne schriftliche Genehmigung der Autoren
reproduziert oder unter Verwendung
elektronischer Systeme verarbeitet, vervielfältigt
oder verbreitet werden.

Japan, vor 1951

### Dr. Toni Bürgin

Bereits in seiner Jugendzeit faszinierte Bürgin (*1957) die Mechanik des Lebendigen. »Phantasie der Schöpfung«, ein Werk des bekannten Deutschen Forschers Professor Dr. Werner Nachtigall sensibilisierte ihn Mitte der 1970er Jahre für das aufstrebende Feld der Bionik. Während seines Studiums an der Universität Basel untersuchte er die einzigartige Kiefermechanik der Seezungen und anderer Plattfische. Bei diesen Fischen verschiebt sich im Laufe eines tiefgreifenden Gestaltwandels das eine Auge auf die andere Körperseite und es entstehen Wesen, bei welchen beide Augen auf derselben Körperseite liegen.

Mechanische Modelle haben schon seit langer Zeit immer wieder wichtige Einblicke in die Funktionsweise verschiedenster Lebewesen gebracht. Auch heute noch verfolgt er als Museumsleiter und Ausstellungsmacher mit Begeisterung die neusten Fortschritte in der biomechanischen Forschung.

### Sebastian Köpcke     Volker Weinhold

Köpcke (*1967) und Weinhold (*1962) leben und arbeiten als Fotografen, Gestalter und Ausstellungsmacher in Berlin. Die beiden Freunde verbindet seit mehr als zwei Jahrzehnten das lebendige Interesse, historische Themen im Alltag zu entdecken, um diese auf eigene Weise zu interpretieren. Die fotografische Inszenierung erwies sich dabei als ein probates Mittel. »Mechanische Tierwelt« ist das dritte gemeinsame Projekt.

S. Köpcke und T. Gubig – Ausstellungen (Auswahl):

- »Der Werbegrafiker Günter Schmitz« Berlin
- »Horst Geil – Werbegrafik der 50er und 60er Jahre« Berlin, Chemnitz
- »Pop-up – Die dreidimensionalen Bücher des Vojtech Kubasta« Berlin, Leipzig, Esslingen
- »Alles begann mit Chlorodont« Dresden

Ausstellungsgestaltung für:

Deutsches Hygiene Museum Dresden, Historisches Museum Saar, Bachhaus Eisenach, Technikmuseum Berlin, Stadtmuseum Berlin

Volker Weinhold – Ausstellungen (Auswahl):

- PPS Galerie Berlin
- Museum für Angewandte Kunst Gera
- Industrie und Filmmuseum Wolfen
- Deutsches Meeresmuseum Stralsund
- Zeitgeschichtliches Forum Leipzig
- Christian-Wolff- Haus Halle
- Galerie Pixel Grain Berlin

Publikation:

Volker Weinhold »Unser Weg ist gut« Prestel Verlag, München, 2007

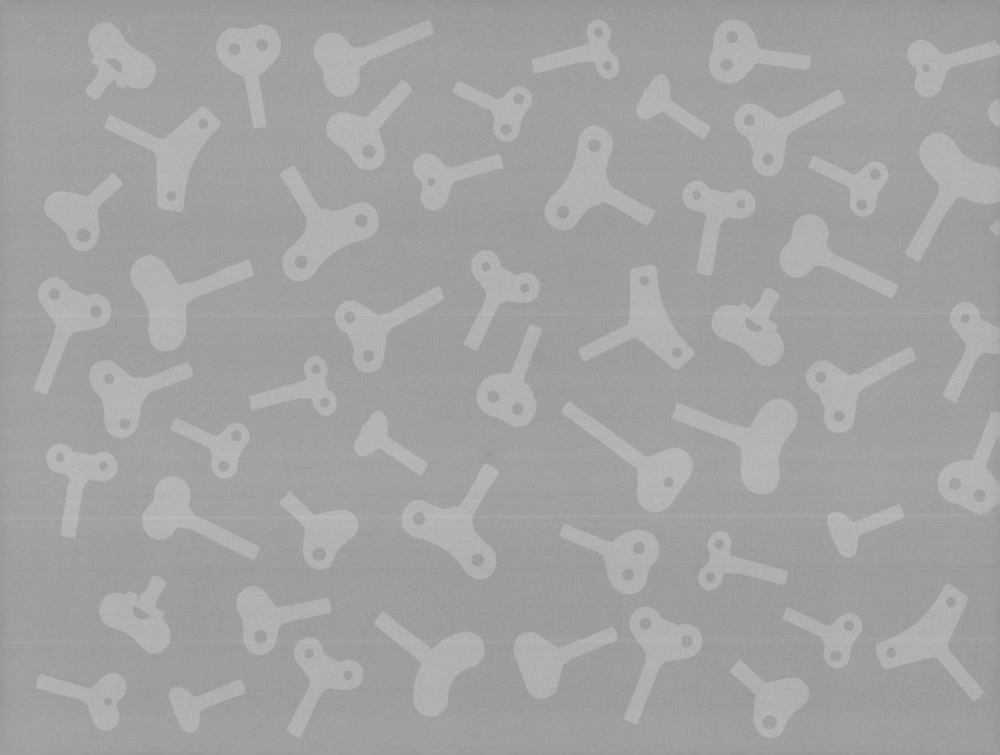